A Crabtree Roots Book
Yon Liv Crabtree Rasin

Farm Animal Friends

Zannimo Pak Yo

HORSES
CHWAL

AMY CULLIFORD
JEAN-PIERRE GASTON

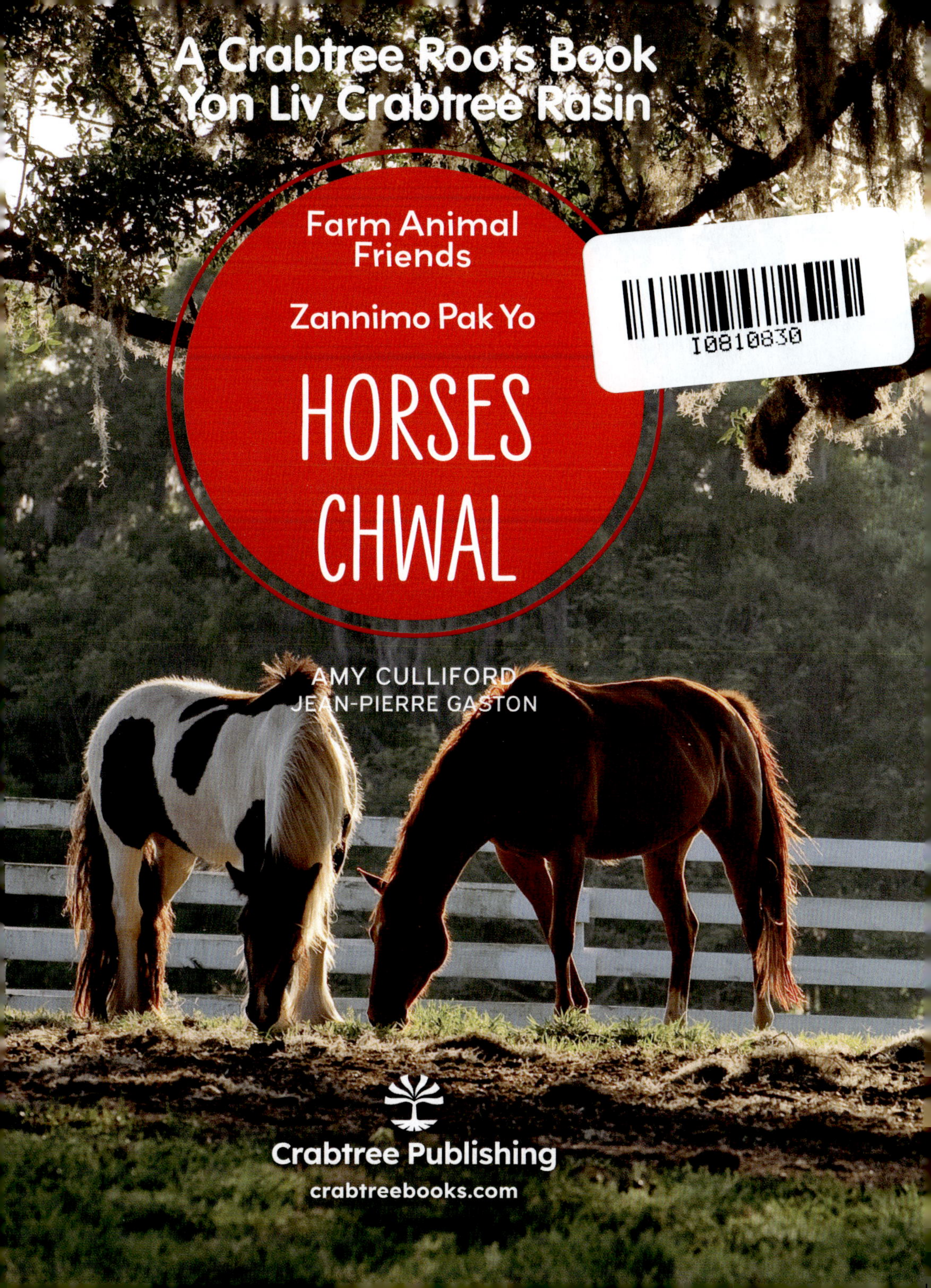

Crabtree Publishing
crabtreebooks.com

School-to-Home Support for Caregivers and Teachers

This book helps children grow by letting them practice reading. Here are a few guiding questions to help the reader with building his or her comprehension skills. Possible answers appear here in red.

Before Reading:

- What do I think this book is about?
  - *This book is about horses.*
  - *This book is about horses on farms.*

- What do I want to learn about this topic?
  - *I want to learn what horses eat.*
  - *I want to learn what colors a horse can be.*

During Reading:

- I wonder why...
  - *I wonder why people ride horses.*
  - *I wonder why some horses are different colors.*

- What have I learned so far?
  - *I have learned that horses drink water.*
  - *I have learned that horses like to run.*

After Reading:

- What details did I learn about this topic?
  - *I have learned that horses eat grass.*
  - *I have learned that horses like to jump.*

- Read the book again and look for the vocabulary words.
  - *I see the word **drink** on page 6 and the word **grass** on page 8. The other vocabulary words are found on page 14.*

Sipò Lekòl A Kay Pou Moun Kap Bay Swen Ak Pwofesè Yo

Liv sa a ede timoun yo grandi lespri yo nan kite yo pratike lekti. Men kèk kesyon kap ede lektè a bati konpreyansyon konpetans yo. Epons posib yo parèt an wouj.

Anvan Lekti:

- De kisa mwen panse liv sa ap pale?
  - *Liv sa a se sou chwal.*
  - *Liv sa a se sou chwal ki viv nan pak yo.*

- Kisa mwen vle aprann sou sijè sa?
  - *Mwen vle aprann kisa chwal yo manje.*
  - *Mwen vle aprann ki koulè yon chwal ka ye.*

Pandan Lekti:

- Mwen mande poukisa...
  - *Mwen mande poukisa moun monte chwal.*
  - *Mwen mande poukisa gen chwal ki gen koulè diferan.*

- Kisa mwen te aprann jiskaprezan?
  - *Mwen te aprann ke chwal yo bwè dlo.*
  - *Mwen te aprann ke chwal yo renmen kouri.*

Aprè Lekti:

- Ki detay mwen te aprann sou sijè sa?
  - *Mwen te aprann ke chwal yo manje zèb.*
  - *Mwen te aprann ke chwal yo renmen sote.*

- Li liv la ankò epi chèche mo vokabilè yo.
  - *Mwen wè mo **bwè** nan paj 6 ak mo **zèb** nan paj 8. Lòt mo vokabilè yo wap jwenn nan paj 14.*

This is a **horse**.

Sa se yon **chwal**.

Horses can be black, white, or brown.

Chwal ka gen koulè nwa, blan, oswa mawon.

All horses **drink** water.

Tout chwal **bwè** dlo.

All horses eat **grass**.

Tout chwal manje **zèb**.

People can ride horses.

Moun ka monte chwal.

All horses like to run, jump, and play!

Tout chwal renmen kouri, sote, ak jwe!

Word List

Sight Words

a	eat
all	is
and	like
be	this
black	to
brown	water
can	white

Lis Pawòl

Mo timoun rekonèt lè yo fèk kòmanse li

a	manje	se
ak	mawon	tout
blan	nwa	yon
dlo	sa	

Words to Know

drink

grass

horse

Mo pouw Konnen

bwè

chwal

zèb

31 Words

This is a **horse**.

Horses can be black, white, or brown.

All horses **drink** water.

All horses eat **grass**.

People can ride horses.

All horses like to run, jump, and play!

30 mo

Sa se yon **chwal**.

Chwal ka gen koulè nwa, blan, oswa mawon.

Tout chwal **bwè** dlo.

Tout chwal manje **zèb**.

Moun ka monte chwal.

Tout chwal renmen sote, ak jwe!

Farm Animal Friends

Zannimo Pak Yo

HORSES
CHWAL

Written by/Ekri pa: Amy Culliford
Designed by/Ki fèt pa: Rhea Wallace
Series development/Devlopman seri a pa: James Earley
Proofreader/Korektè: Kathy Middleton
Educational consultant/Konsiltan edikasyon: Christina Lemke M.Ed.
Translated by/Tradui pa: Jean-Pierre Gaston

Photographs/foto:
Shutterstock: Henk Vrieselaar: cover (tl); Jesus Cervantes: cover (tr); Barry Fowler: cover (b); Kent Weakley: p. 1; James Kirkikis: p. 3, 14; Lillac: p. 4-5; Andrej Kubik: p. 7, 14; Sheeva1: p. 9, 14; RMC42: p. 11; pirita: p. 12

Crabtree Publishing

crabtreebooks.com 800-387-7650

Published in Canada
Pibliye nan Kanada
Crabtree Publishing
616 Welland Ave.
St. Catharines, Ontario
L2M 5V6

Published in the United Sta
Pibliye Ozetazini
Crabtree Publishing
347 Fifth Avenue,
Suite 1402-145
New York, NY, 10016

Paperback 978-1-0398-5068-2
Ebook (pdf) 978-1-0398-5110-8
Epub 978-1-0398-5152-8

Printed in Canada/082024/CP20240812

Library and Archives Canada Cataloguing in Publication
Available at the Library and Archives Canada

Library of Congress Cataloging-in-Publication Data
Available at the Library of Congress